# Das große Rätselbuch für clevere Kinder

## Geniale Rätsel und brandneue Knobelspiele für Mädchen und Jungen (ab 6 Jahren). Logisches Denken und Konzentration spielend einfach steigern

Melanie Fuchs

# Inhalt

Hallo, liebe Rätselfreunde!

Ganz viel Spaß beim Lösen dieser kniffligen Rätsel. Manche sind einfach, bei anderen dauert es etwas länger, bis man auf die Lösung kommt. Am besten nimmst Du Dir einen Stift zur Hand, schärfst deine Sinne und legst einfach los.

Die Lösung kannst Du ganz einfach in die Schreibbox schreiben. Diese findest Du direkt unter dem jeweiligen Rätsel.

Wenn Du dann Deine Lösung in die Schreibbox geschrieben hast, kannst Du eine Seite weiterblättern, dort findest Du dann die richtige Lösung, aber nicht pfuschen!

Die Rätsel sind so gewählt, dass Kinder in der Grundschule sie lösen können.

Ob z.B. als Zeitvertreib an regnerischen Tagen, auf dem Weg in den Urlaub oder in der Schulpause, die Rätsel vertreiben Dir die Langeweile, wo auch immer Du möchtest.

Viel Spaß mit den Knobelaufgaben und denke daran, gepfuscht wird nicht!

# Bruder und Schwestern

Henrys Mutter hat 4 Kinder. Das erste Kind heißt „Februar". Das zweite Kind „April" und das dritte Kind „Juni". Wie heißt das vierte Kind?

Lösung: Das vierte Kind heißt Henry!

# Das geheimnisvolle Schloss

Peter befindet sich im Keller eines Schlosses. In diesem gibt es drei Türen, die alle ins Freie führen. Allerdings gibt es ein Problem, denn hinter Tür eins befindet sich ein Löwe, der seit 4 Monaten nichts mehr gefressen hat. Ein Cowboy aus dem Wilden Westen wartet hinter Tür Nummer zwei mit einer geladenen Waffe. Hinter der letzten Türe befindet sich ein Pirat mit seinem geschärften Säbel. Hilf Peter und sag ihm, durch welche Tür er gehen kann, ohne verletzt zu werden!

Lösung: Tür 1, denn ein Löwe, der seit 4 Monaten nichts mehr gefressen hat, ist bereits verhungert.

# Von Töchtern und Söhnen

Eine Frau hat 3 Töchter. Jeder der 3 Töchter hat einen Bruder. Wie viele Kinder hat die Frau?

Lösung: 4. 3 Töchter und 1 Sohn

# Die Körperteile

Welches Körperteil, kann man an seinem Körper niemals mit der rechten Hand berühren?

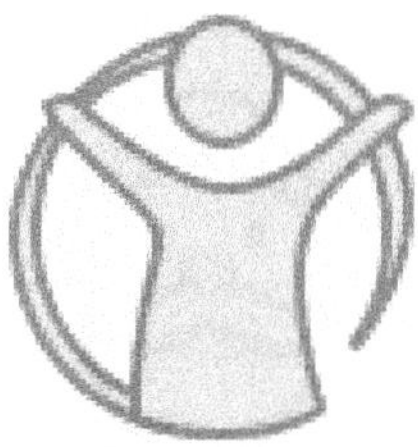

Lösung: Den rechten Ellenbogen

# Schneewittchen und die sieben Zwerge

Die sieben Zwerge kommen nach der Arbeit nach Hause. Schneewittchen hat etwas zum Abendessen gekocht. Insgesamt gibt es 24 Kartoffeln, die gerecht zwischen Schneewittchen und den sieben Zwergen aufgeteilt werden sollen. Allerdings hat sich einer der Zwerge schon vor dem Essen den Bauch mit Kartoffeln gefüllt und so gibt es für jeden Zwerg und Schneewittchen nur zwei Kartoffeln. Wie viele Kartoffeln hat der verfressene Zwerg vorher gegessen?

Lösung: Acht Kartoffeln

# Beim Schwimmunterricht

Eine Schulklasse ist beim Schwimmunterricht. Die Schüler sitzen am Rand des Schwimmbeckens und lassen ihre Füße ins Wasser baumeln. Die Lehrerin möchte gerne wissen, wie viele Zehen jedes Kind an einem Fuß hat. „Ganz einfach" antworten die Kinder „es sind 5." "Das ist vollkommen richtig!" freut sich die Lehrerin „und wie viele Zehen haben 10 Füße?"

Lösung: 50 Zehen

# Der wichtigste Lauf

Aaron ist ein Leichtathlet und mag am liebsten den 400 m Lauf. Er hat wirklich ausdauernd trainiert und möchte unbedingt unter die ersten drei kommen. Gold, Silber oder Bronze. Leider gelingt ihm der Start nicht so gut und er ist etwas abgeschlagen. In der letzten Kurve erhöht er das Tempo und überholt den Drittplatzierten. Dann nimmt er seine letzte Kraft zusammen und überholt kurz vor dem Ziel den zweiten Läufer. Er freut sich sehr über seine Medaille. Doch welche ist es geworden?

Lösung: Die Silbermedaille, weil er den ersten Läufer nicht überholt hat.

# Auf Reisen

Wer bin ich? Wir verreisen mit dem Auto und sind immer zu fünft. Alle anderen Reisenden sind die ganze Fahrt über beschäftigt. Nur ich verstecke mich die ganze Zeit im dunklen Kofferraum. Aber wenn einem anderen Mitreisenden etwas zustößt, bin ich sofort zur Stelle.

Lösung: Das Reserverad im Kofferraum

# Farbenfroh

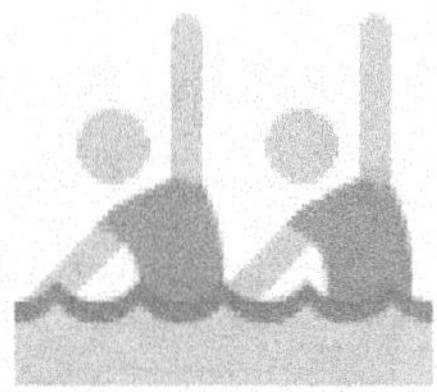

Frau Rot, Frau Grün und Frau Gelb treffen sich im Schwimmbad. Jede trägt einen Badeanzug. Diese haben die Farben Ihrer Nachnamen. Allerdings trägt keiner der drei einen Badeanzug in der Farbe ihres eigenen Namens. Frau Rot trägt keinen grünen Badeanzug. Welchen Badeanzug hat Frau Grün an?

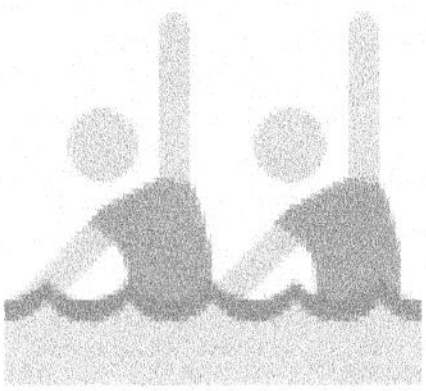

Lösung: Einen roten Badeanzug

# Figurenraten

Wer bin ich?

Ich bin klein und habe schwarze Haut.

Ich bin männlich und jeder kennt mich.

Ich trage fast immer eine rote Hose und weiße Handschuhe.

Zudem trage ich am liebsten gelbe Schuhe.

Ein Mensch bin ich nicht.

Meine Ohren sind größer als deine.

Von Beruf bin ich Comicfigur.

Ich habe einen Hund. Er heißt Pluto.

Meine beste Freundin heißt Minnie.

Lösung: Micky Maus.

# Harte Schale

Meine Schale ist hart. Mein Kern äußerst lecker. Wer mich knackt, der vernascht mich gern. Wer bin ich wohl?

Lösung: Die Nuss

# Spuren im Wind

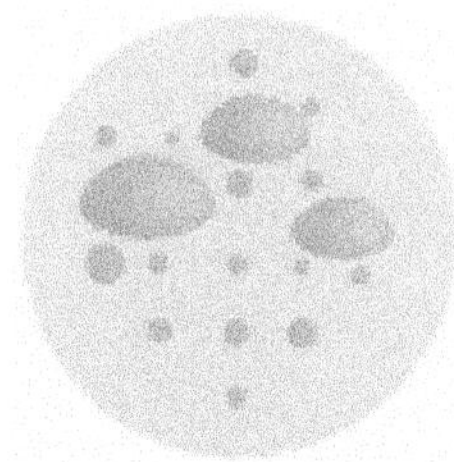

Ich habe ein weißes Röckchen und fliege sehr gerne.
Wenn Du mich allerdings fangen möchtest, schmelze ich schnell in deinen Händen.
Weißt du, wer ich bin?

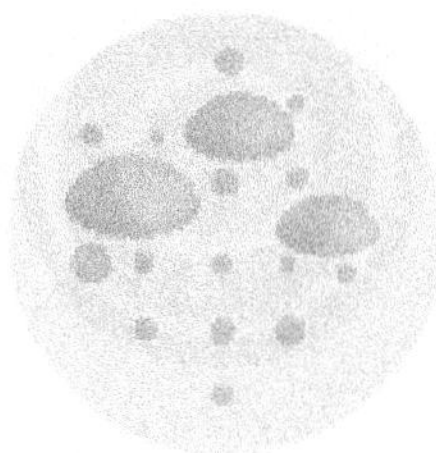

Lösung: Die Schneeflocke

# Der Wurf

Was wirft man weg, wenn man es braucht und holt es zurück, wenn man es nicht mehr benötigt?

Lösung: Den Anker

# Zartheit

Ich bin kugelrund und wunderschön bunt. Es scheint durch mich durch. Ein winziger Hauch erweckt mich zum Leben. Aber durch einen kleinen Stoß - bin ich gleich wieder dahin. Wer bin ich?

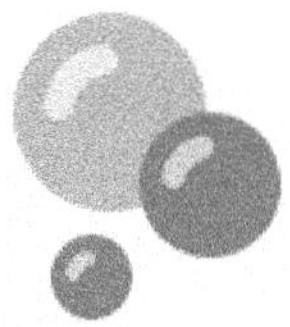

Lösung: Seifenblase

# Das stärkste Tier der Welt

Welches Tier ist das stärkste Tier, dass immer sein Haus mit sich trägt?

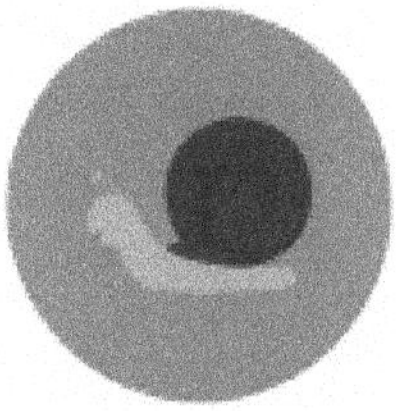

Lösung: Die Schnecke

# Ein Tier?

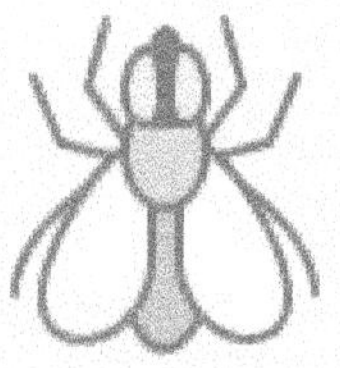

Hab' zwei Beine und kann doch nicht stehen?
Hab` zwei Flügel, aber kann nicht fliegen?
Besitz` einen Rücken, kann aber nicht liegen?
Trag` eine Brille, kann trotzdem nicht sehen?
Wer bin ich?

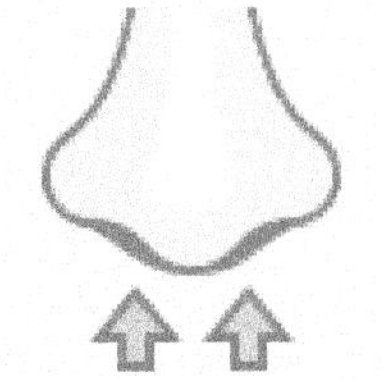

Lösung: Die Nase

# Was ist passiert?

Es ist Sonntag. Ein alter Mann geht mit einer jungen, sehr hübschen Frau in ein sehr altes Gebäude. Beide sind sehr aufgeregt. Etwa eine Stunde später kommt die Frau mit einem anderen, viel jüngeren Mann aus dem Gebäude und ist sehr glücklich. Was ist hier passiert?

Lösung: Die hübsche Frau wurde von Ihrem Vater in eine Kirche geführt und hat dort den jüngeren Mann geheiratet. Nach der Trauung kamen die beiden glücklich aus der Kirche heraus.

# Die Vögel

Welcher Vogel legt seine Eier in fremde Nester?

Lösung: Der Kuckuck

# Die Welt der Zahlen

Finde die Zahl:

Welche Zahl erhältst du, wenn du 2 zu 13 hinzuzählst und mit 6 multiplizierst?

Lösung: (2+13) * 6 = 90

# Auf der grünen Wiese

Auf der Wiese liegen eine Möhre, ein paar Kohlestückchen und ein Topf. Keiner hat die Sachen dort hingelegt aber wie kommen die Gegenstände dort hin?

Lösung: Im Winter wurde ein Schneemann gebaut und dieser ist nun geschmolzen.

# Taschengeld

Karl und Paul haben von Ihrer Oma 20 € bekommen, die sie untereinander aufteilen sollen. Da Paul seiner Oma im Garten geholfen hat, soll er einen Euro mehr bekommen als Karl. Wie viel Geld bekommt jeder der beiden?

Lösung: Karl bekommt 9,50 € und Paul 10,50 €

# Kurz und Klein

Ich habe zwei Löcher und brauche zwei Finger. Am besten kann ich Langes und Großes kleinmachen und zerteilen, was nicht zusammengehört.

Lösung: Die Schere

# Das Frühstück

Wer bin ich? Nicht ganz rund aber überhaupt nicht eckig. Hab einen dicken Bauch, eine Spitze und einen Po. Wenn man meinen Kopf abschlägt, kann man mich zum Frühstück genießen.

Lösung: Das Frühstücksei

# Zwei Löffel

Könnt ihr mir sagen, wer das ist, der immer mit zwei Löffeln isst?

Lösung: Der Hase

# Von Kindern und Äpfeln

Frau Hagel hat 5 Äpfel und 3 Kinder. Sie möchte die Äpfel gerecht unter den Kindern aufteilen. Wie gelingt ihr dies?

Lösung: Sie kocht Apfelmus

# Nicht Haar, nicht Pferd

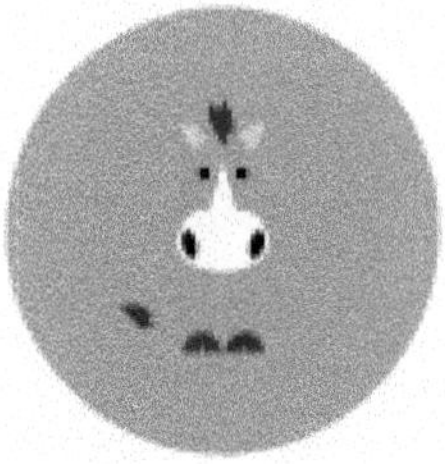

Er hat einen Kamm, kämmt sich aber nicht.
Er hat Sporen, reitet aber nicht.
Er hat Sicheln, schneidet aber nicht.
Wer ist es?

Lösung: Der Hahn

# Dauerlauf

Ich laufe und laufe immer fort -
und komme doch nicht weg vom Ort.

Lösung: Der Uhrzeiger

# Der Tageslauf

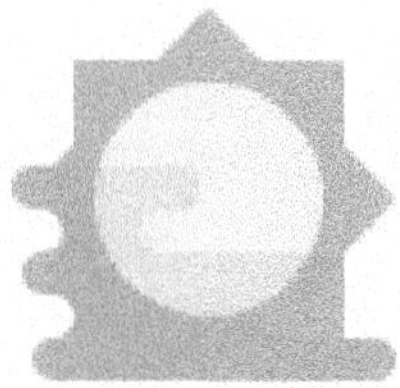

Morgens bin ich lang,
mittags eher kurz und klein,
abends bin ich am längsten
und nachts bin ich gar nicht da.
Wer bin ich?

Lösung: Der Schatten

# Das Gesicht

Ich zeige jedem ein anderes Gesicht,
ein eigenes habe ich nicht.
Wer bin ich?

Lösung: Der Spiegel

# Sehvermögen

Wir sind zwei, die nebeneinanderstehen.
Wir können alles gut und deutlich sehen.
Allein den anderen sehen wir nicht,
auch nicht beim hellsten Tageslicht.

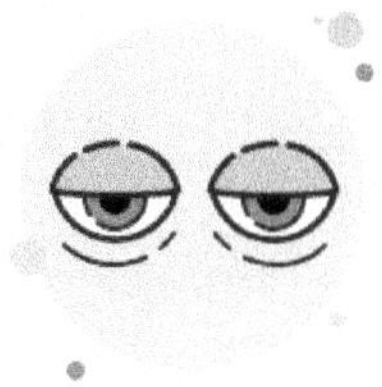

Lösung: Die Augen

# Mausefalle

Wie schreibt man Mausefalle mit fünf Buchstaben?

Lösung: Kater oder Katze

# Sehen oder nicht

Wenn du nicht siehst, dann siehst du mich.
Wenn du siehst, dann siehst du mich nicht mehr.
Wer bin ich?

Lösung: Die Finsternis/Dunkelheit

# Rechtecke

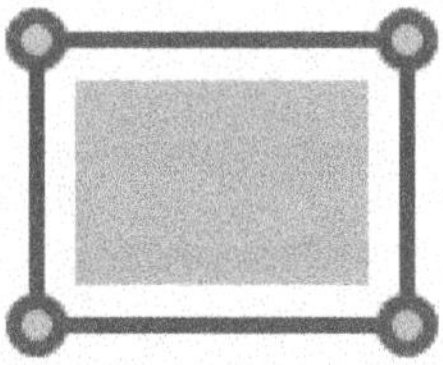

Wie zeichnet man ein Rechteck mit drei Strichen?

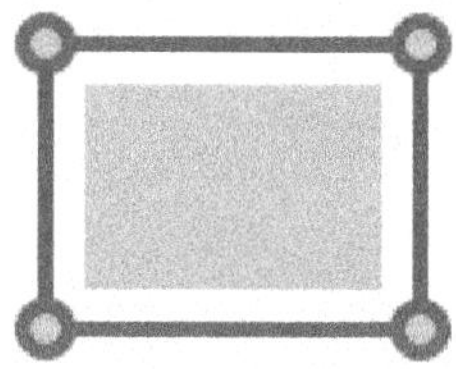

Lösung: In dem man ein Rechteck zeichnet und in die Mitte drei Striche malt,

# Halbieren

Vergrößere die Zahl 666 um die Hälfte, ohne zu rechnen. Wie geht dies?

Lösung: Indem man die Zahlen umdreht. So erhält man 999.

# Im Wasser

Wer sind wir?
Wir können ohne Wasser nicht sein,
haben alle keine Bein`,
Wir schwimmen immer hin und her,
das könnten wir nicht, wären die Flüsse leer.

Lösung: Fische

# In jedem Haus

Du findest mich in jedem Haus,
eine ganze Menge Wasser brauche ich.
Würde es mich nicht geben, wäre es ein richtiger Graus,
denn dann würde es stinken überall gar fürchterlich.
Wer bin ich?

Lösung: Die Toilette

# Schlechtes Wetter

Hoch am Himmel kannst du mich sehen,
vor allem wenn das Wetter ist nicht mehr so schön.
Viele Regentropfen machen mich groß,
sobald sie zu schwer sind, lass` ich sie los.

Lösung: Wolke

# Freude und Schmerz

Reden kann ich ohne Zunge,
schreien kann ich ohne Lunge,
auch habe ich kein Herz,
allerdings nehme ich teil an Freud und Schmerz.

Lösung: Die Kirchenglocke

# Die Rede

Ich sage dir nicht, was ich dir sagen will,
Ich sage dir, was ich dir sage, so kannst du mir sagen,
was ich dir sagen mag.
Wer bin ich wohl?

Lösung: Das Rätsel

# Die rote Kelle

Ich stehe auf der Stelle,
halte eine rote Kelle,
siehst du sie, dann bleibst du stehen,
ist sie unten, darfst du gehen.
Wer bin ich?

Lösung: Ein Verkehrspolizist

# Monate im Jahr

Manche Monate haben 30 Tage, einige 31 Tage.
Doch wie viele Monate haben 28 Tage?

Lösung: Alle Monate

# Die Stunden verrinnen

Kai schläft abends um 8 Uhr ein. Sein Wecker steht auf 9 Uhr. Wie viele Stunden hat er geschlafen, wenn der Wecker klingelt?

Lösung: 1 Stunde, denn der Wecker klingelt bereits um 9 Uhr abends.

# Kamine

Auf dem Dach eines Hauses stehen drei große Kamine, auf dem Dach eines zweiten Hauses, stehen zwei große und ein kleiner Kamin und auf einem dritten befinden sich vier kleine Kamine. Was kommt nun raus?

Lösung: Rauch

Milton Keynes UK
Ingram Content Group UK Ltd.
UKHW020936030923
427961UK00013B/181